JN439443

계단을 오르며

김영자 시집

계간문예

계단을 오르며

| 시인의 말 |

나는 30여 년 동안 경영하던 사업을 접었다.
일밖에 모르고, 일 속에 묻혀 살다가
인생이모작은 문인의 삶을 살기로 정했다.
계간문예창작원의 문을 두드려 문학 공부에 매진했다.
두드리면 열릴 것이라는 말이 맞았다.
먼저 수필쓰기에 도전해 수필가로 등단했고,
다시 시 쓰기에 도전해 시인이 되었다.
다른 사람들보다 늦게 출발했기에
더 열심히 노력해 글쓰기에 정진했다.
모든 사람에게 희망의 위로가 되고
사랑이 솟아나는 좋은 시를 쓰게 해 달라고
잠들기 전에 항상 주님께 기도로 매달렸다.
계단을 오르듯 한발 한발 오르다 보니,
그동안 쓴 시들이 고개를 내민다.

내 영혼의 노래와 같은 좋은 시를 쓰고 싶던 기다림이
드디어 꽃으로 피어났다.
아직 어설프지만 처음의 설렘 속에
용기를 내어 첫 시집을 선보일 수 있게 되었다.
기도의 응답을 주신 주님께 영광 돌리며
제2시집, 제3시집을 기대하며 더욱더 노력해야겠다.

등단할 수 있는 길을 터 주셨고
이 시집에 나오기까지 지도해주신
정종명 선생님, 김창완 선생님, 차윤옥 선생님께
두 손 모아 고마운 마음 전합니다.

2022년 새해에

김 영 자

■ 차례

제 2부 하늘 향해

제3부 사랑의 생명수

제4부 계단을 오르며

제5부 워커홀릭

발문跋文

제1부

세월

세월

꽃잎 하나 떼어 귀에 대니
나뭇가지 속삭이네요
떼지 마세요
꽃 속에 우리가 함께 있어요

어깨동무하고
하늘로 날아갔던 세월이
다시 내려와

노란색과 분홍색이
너울거리며 내려와
동그란 빛깔과 향을 뿌리고

나무 속에서 나이테는
또 하나 윤회하네요
동그라미 속에 우리가 함께 있어요

함박눈

하느님이 내게 보낸
하얀 엽서

뭐라고 쓰셨을까?

내가 읽지 못한 걸 아시고
해마다 다시 보내주시는
하얀 엽서

아마 하느님은
아둔한 나를 포기하지 않고
내 무덤에도 보내주실 거야

돌멩이

파도에 부딪치며
돌멩이 위에
파도가 그려졌다

모래 위를 거닐던 아가씨
모래 속에 얼굴 내민
하얀 돌멩이 집어 들고
"어머나 너무 예뻐"

아가씨의 손에 잡혀
책상 위에 보물처럼
자리 잡은 바닷가 돌멩이

해님이 지나가다
창문을 보며 쓰다듬는다
하얀 돌멩이는
바다 소리가 그리워서
모래 색깔로 변해간다

두 친구

로마에 살던
작은 회색빛 돌멩이
동해 바다에 살던
하얀빛 돌멩이

회색빛과 하얀빛이
따스하게 서로 엉킨다

손바닥만 한
금빛 접시 위에서
로마와 동해의 물결이
서로 엉키며 맴돈다

손목시계

하루 종일
함께 움직이다가

이제 머리맡에서
너도 쉬고 나도 쉰다

친구여
이제 종을 울려라
새벽이 희망의 날갯짓으로
문 두드리는데
오늘도 나와 함께
걸어가며
하루를 시작하자

내가 걸어가는 시간은
스물네 시간 하루뿐인 것을
그러나 나는 네가 있어
다시 태어난다

코로나 세상

하늘은 뭉게구름 속에
아이들의 놀이터가 되고
땅에서는
오래전 물러갔던 메르스가
코로나를 업고 왔다

모든 모임과
너와 나를 갈라놓은 코로나 세상
언제나 일상으로 돌아갈 수 있을까

뭉게구름

하늘도
마스크를 쓰고 있다

고향의 향기

하얀 구름이
두둥실 떠 있는 하늘
환한 기쁨의 울림으로
찾아오는 고향의 향기

어머니의 환한 미소가
손 흔들고 지나가면

세상은 온통
고향의 향기에 취한다

고향의 노래

어머니가 계신 곳
가족들이 모여 앉아 만두 빚으며
행복한 웃음이 흐르던 곳

즐거운 매화가
꿈을 만들며
연이 되어 높이 날아간다

마음의 숲에
사랑이 쌓이며
고향의 노래가 된다

지금쯤 어딘가
날아가고 있을
연의 끈을 힘차게 당겨본다

고향

초가지붕 아래
가마니 깔고
고추 말리던 그곳으로
다시 가서 살고 싶은 마음

하늘에 궁전을 짓고
쌓아놓았던 추억을 끌어내려
하나씩 풀어보니
아팠던 기억들은
반짝이는 진주가 된다

마음의 고향

서울은 만인의 고향이다

부모님 묘소를 고향으로 삼아
남북을 덮고 있는 하늘

그대, 여기에
하늘과 가까운 좋은 자리에
소망의 꽃을 심자

동서남북 어디서나
소유할 수 있는 마음의 고향에

고향의 구름

하늘에 두둥실 떠다니는
하얀 뭉게구름
그곳에서
내 고향을 찾는다

나를 보고 웃는
아버지의 미소가 보이고
나를 보고 손을 흔드는
어머니의 미소가 보인다

뭉게구름은 고향의 향기로 다가와
그리움으로 나를 감싼다

새싹

씨 뿌린 밭두렁 길
생명의 새싹이 고개 내밀면
해님은 살며시 내려와
쓰다듬어준다

새싹은 신이 나
너나없이 앞 다투어
세상 구경 나오고
성질 급한 새싹은
무슨 꽃을 피울까 고민한다

그곳에 가면

그곳에 가면
행복한 미소
즐거운 대화가
꿈을 안고 이어진다

사랑의 마음들이 모여
고향의 노래가 되고
고달픈 인생길에 쉼터가 되는
어머니 같은 곳

지난날 우리들의 이야기가
보석처럼 빛난다

바람

돌아볼 줄 모르는 바람이
슬픔이나 기쁨을 엮어
인생을 끌고 간다

하늘은 여전히 파랗게 웃으며
오늘을 살아갈 힘을 주고
꿈의 바다가 되어서
마음을 담근다

바람이 내 뺨을 어루만지며 지나가고
마음속 나이테는 조금씩 자란다

제2부

하늘 향해

하늘 향해

슬픔이 천국의 낚시줄에 걸려
세월을 잊고 지냅니다

슬픔은 씨를 뿌리는 소망이 되어
희망의 문을 열어줍니다

힘들었던 일들이 불기둥처럼 다가와도
하늘 향해 믿음을 보내면
조용히 선물을 보내줍니다

끈질기게 사랑의 씨를 뿌리면
바람처럼 구름처럼
어느 순간 눈물이 마른답니다

손 내밀면 닿을 듯 부드럽게
내 등을 어루만지는 손이 있어
어두운 터널도 환하게 걸을 수 있답니다

개나리

돌담 옆에서
노란색 향연이 눈부시다

30년 눈 맞추던 미소가
높은 하늘과 교류하며
봄을 노래한다

별동별 하나
화려한 구름 속 궁전을 떠나
반짝 빛난다

땅속 깊이 스며든 세월의 밑거름이
노랗게 피어난다

나목

굵은 가지 밑에 떨어진
나뭇잎 속에 잠겨
하늘을 쳐다본다

하얀 눈송이 날아와
다시 피어날
꽃모양 조각해 주면

새봄을 맞이할 꿈을 꾸며
뿌리는 땅속 깊이
자리를 넓혀나간다

세월의 외투

낙엽 속에서 뻗어나간
굵은 뿌리들
밑으로 밑으로
더 깊게 자리 잡으면

하늘에서는 함박눈을 내려
이불을 만드느라 분주하고
나무는 하늘을 향해
웃으며 긴 하품을 한다

땀방울 흘리며 견뎌온
세월의 외투를 벗고
바뀌는 계절에 순응하며
파릇한 희망을 키운다

파란 하늘

뭉게구름 속으로
내 이름을 적은 종이비행기를 접어
힘껏 날려본다

하늘에 닿을 때까지
다시 힘껏 날려본다

멀리서 웃고 있던 파란 하늘이
손짓하며 내려다본다

장맛비

먹구름이 몰려온다
처음에는 노래하듯
내리는 비

꽃향기 떠내려가고
낭만도 삼켜버린

아스팔트 위로
쏟아지는 장맛비에 놀라
길을 잃는다

마스크

놀이터에 놀러 나온 어린아이들
마스크 속에서 웃음을 멈춘다
미끄럼 타기도
그네 타기도 재미없다

친구들의 밝은 표정을
언제쯤 읽을 수 있을까

예배

하늘이 열린다
찬양과 기도 속에
손뼉을 치노라면
말씀 속에
천국 문이 활짝 열린다

기도

좋은 시인이 되어
좋은 시를 쓸 수 있게
독자들의 마음에
햇살을 비추는 시를 쓸 수 있게
은혜를 더하여 주시옵소서

주님의 사랑 안에서
모두를 사랑하라고
주님은 언제나 본을 보이셨습니다
내가 잘해서 이렇게 살아온 줄 착각했으나
주님이 내 안에서 생명이 되시고
인도해 주시는 그 은혜를
이제야 조금씩 깨닫습니다

좋은 시로 남들에게 사랑과 은혜를 베풀고
주님께 영광 돌리는 삶을 살며
찬양할 수 있는 시인이 될 수 있게
지혜를 더하여 주시옵소서

감사의 시간

세월 따라 열심히 달려가면
어딘가에 행복이 기다리고 있다가
맞이해 줄줄 알았습니다

원하는 것을 이루며
살아온 발자국은
한쪽이 내 길인 줄 알았습니다

감사하지 못했던 시간들이
너무 빨리 흘러서
행복한 추억의 얼굴에
주름살로 남아있는 것을 보고
시간은 누구에게나
공평하다는 것을 알았습니다

인생이 별난 것이 아니고
헌신하고 봉사하며
나보다 남을 먼저 생각하며 살아야하는 것이
가장 편안한 삶이라는 걸 배우고
알아가고 있습니다

영생의 기쁨

그분의 사랑이 보인다
빛이 보인다
영생의 기쁨이 보인다

죽음의 어둠 속으로
생명을 걸고
손을 내밀어
건져주신 예수님의 사랑

사랑이 자석처럼
나의 영혼을 당긴다

사랑은

당신 속에서 존재케 하며
나를 잃어버리게 하네
사랑은

무례히 행할 수도
성낼 수도
악한 것을 생각할 수도 없네

모든 것을 참고
견딜 수 있게 만드는
사랑은
그런 것이네

아픔

짊어지고 가야하는 짐을
인내의 줄로 묶어
하늘에 맡겨 놓는다

아픔이 주인 되는
믿음의 부재
슬픔이 녹아
아픔이 되면
눈물도 말라 친구가 된다

시간

시간의 소중함을 못 느끼는 미련함
게으름의 무게가 크게 짓누르며
세월을 빼앗고 있다

이제 시작하자고
크게 숨 쉬고 펜을 든다

인생의 많은 여백을 일깨우며
못 이룬 꿈을 이루도록
여생을 소중하게 다듬는다

마무리 하는 꽃밭을
일구어 나가기 위해
시를 가꾸는 시간
낯선 단어들을 찾으려
오늘도 눈을 크게 뜬다

빈 나뭇가지

빈 나뭇가지에
참새 두 마리
여기저기 입맞추고 다니더니
새싹이 돋아난다

빈 나뭇가지에
참새 새끼 두 마리
나란히 앉아
짹짹짹 노랫소리 돋아난다

제3부

사랑의 생명수

사랑의 생명수

영원에 잇대어
생명이 흐르는 하루의 기쁨
하나님이 보내주신
사랑의 생명수입니다

예수 믿음으로 구원을 받아
하나님의 자녀가 된
이 권세와 영생의 기쁨
주님의 아름다운 선물인
이동호 김주원 이예은
이동휘 황은영 이세린
이인경 예현수 예수아
모두 생명이며 사랑입니다

생명과 사랑 안에서
하나님의 길이요, 진리를 따라
흐르는 기쁨 감추지 못하고
하나님께 영광 돌립니다

벚꽃

놀이터 의자에
노부부가 앉아있다

봄비 지나간 대지에
흐르러진 벚꽃 눈이 날린다

노부부의 어깨도
하얀 꽃 세상이 된다

하얀 나비처럼 날며
바람에 흩날리는 꽃잎
길은 꽃길이 된다

생명의 환희와 아름다움이
하늘까지 날아가며 노래한다

노부부가 두 손을 모은다

무지개

따스한 천국의 기쁨이
주일마다
사랑의 만남으로 다가온다

오가는 미소가 아름답게
가슴으로 번진다

하늘까지 이어지는 빛줄기
무지개 되어
시간을 엮으며
차분함 속에
내일의 희망이 손짓한다

거기에서

놀이터 공원을 걸으며
꽃들과 이야기 나누고
나무들과 이야기 나눈다

바람이 먼저 지나간 자리
반갑게 손 흔들며 맞아주는
거기에서
사람들이 남긴 발자국을 밟으며
해가 기우는 저녁노을 바라본다

나는 주님과 동행하며
하늘의 소망을 붙들고
힘차게 발걸음 옮기는데

나무들은 하늘 향해
무슨 기도를 올릴까

사랑이여

실체를 모르고 끌려가는
처리할 수 없는 감성이다

존재의 움직임이
보이지 않는
마음의 흐름을 따르고

그렇게 연륜을 쌓아가는
세월 속에
예쁜 미소 날린다

관대한 하나님의 사랑 속에
영원한 꿈으로 승화되는
현실 속에 열매 맺는 축복의 선물

사랑이여
나는 나의 것이 아닌
하나님의 것이다

먹구름

먹구름 속에서 하얀 눈이 쏟아진다

하늘과 땅이 연결된
공간을 뚫고
춤추며 내리는 눈송이를
얼굴 가득히 맞는다

눈 속으로 들어가 풍성하고
부유한 마음이 세상을 가득 안고
두 팔 벌려 춤을 춘다

반가운 친구를 만나는 기쁨이 흐른다
나무 위로 내려앉은 눈송이들의
아름다운 멈춤이 눈부시다

가지마다 하얀 눈으로
멋진 궁전을 짓는다
먹구름 속에서 하얀 눈이 쏟아진다

세상 속으로

하얗게 날아오는 눈
나무마다 하얀 옷을 차려 입고
멋진 꿈을 꾸고 있다

흩날리는 눈송이를 잡으려고
뛰어다니는 어린아이처럼
나도 어린아이가 되어
세상 속으로 뛰어드니
마음에 평안이 흐른다

두려움

살아가면서 두려울 때마다
주님만을 믿고 바라보며
모든 것을 주님께 맡기고 기대니
내가 가는 길에 두려움은 사라졌다

감사와 평화가 따스하다
언제나 주님과 함께였기에
두려움은 밟고 지나가는 발판 삼아
보람차고 힘찬 발걸음을 내딛는다

여생도 시 쓰고 공부하며
주님과 함께 하리라

생명

곳곳에서
생명이 솟아오르는 3월이다

개나리가 활짝 피어나고
라일락이 연보라색으로
꽃봉오리를 터트린다
벚꽃이 환하게 미소 짓고
철쭉도 웃으며 얼굴을 내민다

싱그러운 봄의 향연들은
코로나를 밀쳐내고
환한 빛으로 바람 타고
어둠을 뒤로 한다

하늘에서 내려오는 희망 안고
우리는 사랑의 손길로
서로 위로하니,
움트는 생명도 신바람난다

시詩

나에게 시는
하늘을 날 수 있는
소망이 된다

나에게 시는
앞으로 나아갈 수 있는
희망이 된다

나에게 시는
믿음을 굳건하게 지킬 수 있는
신앙이 된다

시와 손 잡고 계단을 오르면
하나님도 손 내밀어
내 손을 잡아준다

사랑의 나이테

사랑은 아픔을 참는
인생의 나이테

그 위에 쏟아지는
위로의 울림이
생명의 끈으로
한 줄씩 키워간다

사랑의 나이테
하나둘 늘어난다

시장 선거를 보며

그 일을 왜 하려는가
명예 때문인가
유명하게 되려는 욕구 때문인가
상대방을 비하하고
거짓말쟁이로 낙인 찍는다

시간이 가면 낮과 밤이 있어
조명이 달라지는데
정직과 진실만이 그 사람을 비추어준다

이제 세상은 많은 역사 속에
사람을 구분할 줄 아는데
자기 꾀에 자기가 빠져 넘어진다

정의의 힘은 우뚝 솟아 있고
하늘의 빛을 따라가는
맑은 눈동자들은
많이 달라진 세상을 살아간다

소망의 낚싯줄

슬픔과 아픔이 낚싯줄에 걸려
세월을 잊고 어디쯤 왔을까

힘들었던 일들이
삶의 보약이 되고
이길 수 있는 힘은
하나님과 친해질 수 있는
하늘이 준 선물이다

아픈 마음을 달래며
사랑의 씨를 뿌리는 소망이여
그 파란 날개로
이제 나를 덮어 감싸주고
사랑과 소망을 뿌리며 날아가거라

봄비

봄비가 내려
땅을 적신다

봄을 활짝 펼치는
사랑의 운무

개나리 벚꽃은 수줍음 감추고
환하게 웃으며 피어난다

촉촉이 젖어오는
흙 한 줌을 움켜쥐면
살그머니
지구가 내 손에 들어온다

봄비를 맞으며

어디서 오는가

목마름을 적셔주는
사랑의 봄비

봄꽃들을 깨우며 하늘 향해
가슴을 활짝 열어준다

대지를 적시고
모두를 쓰다듬는 그 큰 사랑

어디로 향하는가

제 4 부

계단을 오르며

계단을 오르며

아름다운 시詩로 한발 한발
계단을 오르며 새로운 세상을 꿈꿀 때
넘치는 사랑과 연결되게 하소서

나이 들어감이 익어감으로
열매의 향기로 배부르게 하고
익숙함보다는 낯선 언어로
온전한 사랑을 완성하게 하소서

하찮은 일도 새롭게 보듬으며
세상을 향해 한발 한발
발걸음을 내딛을 때
사랑이 충만한 손길로 불 밝혀 주소서

어려움에 지치고 힘들 때마다
주님을 만나게 하고
사다리 역할을 도맡는 향기의 시詩가 되어
믿음과 사랑의 능력 되게 하소서

코로나

길에 마스크가 걸어 다닌다
할 말을 잃고
아무 관심도 없이
생각도 멈춘 채 걸어간다

코로나가 날아다닌다고
아프고 쓰리게 한다고
나라가 수렁에 빠졌다고

위기는 기회라고
언제나 그렇듯
코로나쯤은 거뜬히 이길 수 있다고

나에게는 혼란을 헤쳐 나갈
하나님이 주신 나침반이 있다

하늘에서 내려오는 생명의 호흡이
어루만지며 괜찮다고 속삭인다

세월의 다리

아픔은 어디로 갔나
기쁨은 어디로 갔나

주름살이 하나둘 늘어나며
진정한 삶을 보여준다

모두가 떠난 아득한 길에
새로운 질서가 형성된다

가슴 뛰던 열정은 점점 식어가고
그 아름답던 눈길은 어디로 사그러졌나

다시 뜨거운 가슴으로
세월의 다리를 건넌다

즐거운 대화

파란 하늘에 고향을 그려 놓고
하루는 어머니를 만나고
하루는 아버지를 만난다

우리의 즐거운 대화는
끝날 줄 모르고
하늘로 하늘로 날아오른다

옛날이야기에 취해
마음과 사랑을 담아
더 높이 날아가라고
바람에게 부탁한다

새해 아침

따뜻한 떡국 한 그릇으로도
고맙고 행복한 날

큰 다짐하며 새해를 맞고
추억을 하나하나 끌어 내
여백에 새로운 시들로 채워가며
반짝이는 보석을 만드는 아침

추위 속에서도
높이 날아가는 연을 따라
내 마음도 높이 날아간다

추억

우리의 아들과 딸이
많은 추억을 만들어주는데

당신은 그저 하늘에서
내려다보고 있지요

내 등을 두드리며
수고로움을 칭찬하던 당신

당신과 나 사이가
더 멀게 느껴지는 오늘

힘들었던 추억도
나를 아름답고 배부르게 하네요

내리사랑

감기에 걸린 동생이
오랫동안 앓아 걱정했더니
아버지는
내 목소리만 듣고도
나도 감기에 걸린 걸 아신다

손수건을 꺼내주시는
아버지 손길에
코끝이 찡하다
부모님의 사랑은
흉내조차 낼 수 없는
내리사랑이다

술래잡기

술래가 되어
가위 바위 보

-무궁화 꽃이 피었습니다
소리 지르고
나무 뒤에 보이는 옷자락 잡으러
힘껏 달려간다

-무궁화 꽃이 피었습니다
깔깔깔 웃으며 도망가는
아이들 머리 위로
해님이 손 흔들며
서쪽으로 달려간다

우정

입원한 친구를 병문안 가서
하나님께 기도로 매달린다

우정의 작은 마음이 보이고
따스한 움직임이
주님의 사랑인 것을 느낀다

십자가를 손에 쥔 친구의 손에
내 손을 얹는다

차가운 세상에
빛으로 교류하는 맥박
보이지 않는 힘으로
우정의 싹은 무럭무럭 자란다

소망

소망 속에서는
괴로움도 아픔도
믿음이 되고 사랑이 된다

하나님이 주신 삶의 행진은
밖을 향해 나가게 하는
사랑의 동력이 된다

소망은 고통 속에서
잉태되지만 신뢰의 손을 잡고
하늘까지 가는 계단이 된다

주님의 능력

내일을 살아갈 용기가 되는 것은
주님의 십자가가 주시는 능력이다

위기의 순간에는
하나님 사랑의 손길로 힘을 얻고
도움의 손길로 구원을 얻는다

주님은 언제나
내 안에 들어와 말씀으로 채워주는
영원한 내 삶의 주인이다

하늘의 소리

하늘에 잇대어
걸어가는 인생길
어디까지 왔나

새벽 교회 종소리를 따라 가
예배당 마루에 무릎 꿇고 앉아
기도하는 시간

"네가 괴로우면 내가 더 괴롭고
네가 고통스러우면 내가 더 고통스럽다"

하늘의 소리에 귀 기울이니
하늘의 소리가 가까이 들린다

생명의 길

십자가에서 흘리신
하나님 아들의 피다

가슴 속에 핏줄로 연결되고
영생의 기쁨으로 흐른다

고난의 십자가에 내놓으신
주님의 생명이
천국으로 흘러가는 생명수 되어
영원한 생명의 길이 되었다

강가에서

모래를 밟으며 강가를 걷는다

친구들과 시간 가는 줄 모르고
물장구치며 놀던 곳
산 그림자 반영된 강물 속에
내 마음을 띄운다

흐르는 물은 쉬지 않고
바다를 향해 달려간다

꿈꾸듯 다가오는 풍경 안고
천천히 발걸음을 옮긴다

강가에 소식 한 줄 새겨 놓으면
친구들이 알아보고 내 생각을 할까

외손녀 수아

수아의 피아노 연주 소리는
나에게 날개를 달아준다

피아노 건반을 구르는 선율은
예쁜 드레스를 입은 수아보다
더 곱고 자유로운 날개를 달고
통통 춤추게 한다

혼신의 힘으로 연주하는
수아의 모습은
나까지 나비처럼 춤추게 하는
하나님의 능력이다

해외에서 큰 꿈을 펼치고 있는 수아
피아노 선율로 통통 튀어
세계를 놀라게 할 재원才媛이다

제 5 부

워커홀릭

워커홀릭

30년의 세월을 접었더니
주어진 자유가 혼란스럽다

미스코리아들에게 의상을 협찬하고
홍콩으로 미국으로 패션쇼에 참가하며
패션계를 주름잡던 시간들이
서서히 고개 숙인다
워커홀릭에서 벗어난 공허감은
고독의 시간으로 마음의 병이 된다

잠시 멈춰 마음을 비우니
주마등처럼 스쳐 지나가는 생각
비로소 보이는 것들을 챙기며
새로운 인생의 순례길 따라
시의 손을 잡고 발걸음 옮긴다

밤하늘

고개 들어 밤하늘을 보니
누군가가 나를 내려다보며 웃고 있다

발걸음을 옮길 때마다
자꾸 나를 따라오는 달
웃음 머금은 미소로
어둠을 밝히는 빛

내 마음은
밤하늘에 반짝이는 별이 되어
온 누리 밝게 비춰주고
상상의 나래를 활짝 편다

가을은

놀이터 입구를 장식하던
파란 등나무가
가을색으로 물들어간다

대추나무에
주렁주렁 열린 대추도
수줍음을 감추려
서로의 눈길 속에 붉게 웃고 있다

가을은 하늘과 땅 사이
색색으로 물감을 뿌려놓고
누가 더 멋스러운지
풍경화를 그리고 있다

우주

신이 세상을 아름답게 만들기 위해
제일 먼저 코스모스 꽃을 만들었다

영겁의 세월 속에 탄생한 수많은 별
과거 현재 미래에 있을
모든 은하를 바라보며

'푸른 하늘 은하수 하얀 쪽배엔
계수나무 한 나무 토끼 한 마리'
라고 노래 불렀다

은하 속 생명의 합창
보이지 않는 것을 바라보며
아름다운 우주를 노래한다

단풍

단풍나무 은행나무 갈아입은 옷
빨갛게
노랗게
웃음꽃이 피었다

연인들의 머리 위에 내려앉은 색깔까지
가을 동산에 화려함을 더해준다

빛나는 두 그림자 위로
슬그머니 단풍잎이 솟아오른다

돌담길

해가 서산으로 기운다

돌담길이 이어지던 곳
학창시절 따라오던
그 남학생 어디서 무엇하고 있을까

숱하게 걸었던
덕수궁 돌담길을 걷는다

하루의 끝 석양을 따라
배재학당도 고개 내밀고
정동제일교회도 보인다
쌓였던 역사가 하나둘
고개를 내민다

수많은 발자국을 뒤따르다보면
그림자 따라
그 남학생 따라올 것 같아
흔들리지 않는 마음을 다잡는다

흐르는 세월
— 박성배 선생님 추모

세월이 흐르네
님이 가시네

아까운 글 두고
사랑하는 가족 두고
더 좋은 세상
하나님의 품을 찾아
여행길 떠나셨네

지구를 타고 어디쯤 가시다가
지구본 살펴보실까
님의 동시 〈날아가는 바다〉를 읽으며
하늘 한 번 쳐다보니
훨훨 날아
큰 품에 영면하셨네

대추나무

어린 시절 가을에는
머리 위로 떨어지는 대추를 주워들고
손뼉 치며 좋아했다

우리 집 대추나무는
빨간 대추를 주렁주렁 매달고
환하게 웃고 있다

파란 가을 하늘에
빨갛게 익어간 대추
대추가 빨갛게 익기까지
누구의 손이 어루만져 주었을까

대추나무는
장마도 천둥도 태풍도
묵묵히 견디며
그까짓 고난쯤이야 참아내며
뜨거운 햇살에 몸을 맡기며
아름다움을 키우고 있다

아버지

아버지에 대한 기억은
유치원에서 멈춘다

내가 유치원 가방 메고
마당 잔디 위에서 뛰어놀면
아버지는 웃으며 바라보셨다

그때 그 따스한 눈동자는
내 삶의 원동력이 되어
지금까지 뛸 수 있게 만들었다

나는 기억한다
아버지의 그 눈동자를

영혼의 음악

웃음은 영혼의 음악이다

웃기 위해 시간을 내고
기도하기 위해 시간을 내면
인생의 영원한 투자가 된다던
톨스토이의 말씀

매일 말라비틀어지는 시간
그대로 시들지 않으려고
웃으며 기도하고
영혼의 음악을 듣는다

진주 반지

내 진주 반지는
홍콩이 고향이다
남편이 사다 준 선물이다

정의와 권력이 필요할 때
적당한 힘이 필요할 때
한 판 승부를 벌인다

진주반지의 영롱한 비밀
내 손가락에서 빛나는 보석
눈물 글썽이며 웃는다

인생의 수레바퀴

내 인생의 수레바퀴는
옆을 보지 않고 쉬지도 않고
부지런히 돌아다닌다
잠시 왔다 가는 인생
잘 감당하고 평안한 마음으로 살았으니
더 이상 바랄 게 무엇인가

내 중심에 계시는 예수님
옆에서 지켜주시는 하나님
주님 거하시는 하늘나라 바라보고
소망을 가슴에 품고 걸어다닌다
동행하시는 주님이
내 손을 붙들어 올리실 때까지
내 인생의 수레바퀴는 계속 돌아간다

감

밤톨만한 애기 감 하나
눈에 넣었습니다
매일 눈도장을 찍습니다

해님은 파르스레, 수줍은 웃음이
빨갛게 물들 때까지
뜨거운 사랑으로 어루만져줍니다

해님의 사랑이 무르익어
뜨거움 속에 흠뻑 젖은
모진 바람도 태풍도 이겨낸
빨간 감 하나

맑은 가을 햇살에 눈부셔
모든 허물 벗어주고
드디어 책상 위에 올려놓았습니다

마지막 윙크

가을을 기다리다
설익은 옷 입고
떨어진 나뭇잎

수백 년 돌담 향해
마지막 윙크를 보낸다

들꽃

잔디 덮인 봉분 위에
노란 들꽃 하나
바람이 심어 놓고 갔나 봅니다

백합꽃 돌화병에 꽂아놓으니
물끄러미 바라보는 가냘픈 들꽃
바람 따라 움직이는 고통이
한 송이 꽃잎 되어
그리움으로 흩날립니다

노란 들꽃은 끝없이 잎을 날리며
다리를 만들었습니다
잔디에 손을 얹고 세월 따라
한발 한발 다가왔더니
죽음은 부활의 씨앗이 되어 날아가 버리고
들꽃은 이제 땅과 하늘을 품고
나를 안아 줍니다

발문跋文

| 발문跋文 |

인생의 깊은 사유 속으로

— 김영자 시집 《계단을 오르며》

차윤옥

(시인·계간문예 주간)

경험은 글쓰기의 보고寶庫

누구든지 때가 되면 정년퇴직을 하거나 현직에서 물러난다. 현직에서 물러나면 그가 아무리 유명한 인사였다 할지라도 사람들에게서 점점 잊히게 마련이다. 사람들의 기억에서 사라지는 일은 순리라고 할 수 있다. 바쁜 현실을 살다보면 대부분이 그러하니 자연스런 현상으로 받아들이고 새로운 인생을 살게 된다. 김영자 시인도 대표이사로 30여 년을 종사했던 회사에서 물러난 직후, 문필의 길로 들어섰다.

김영자 시인은 여유로운 마음으로 수필과 시를 공부한다. 인생의 깊은 사유 속으로 한발 한발 내딛고 있다. 이제 글쓰기를 삶의 목표로 스스로에게 채찍을 아끼지 않는다. 그 결과 〈피아노 소리를 들으며〉라는 제목의 수필을 발표하면서 수필가로 등단했다. 수필에 만족하지 않고 다른 장르에 도전하더니 〈세월〉과 〈함박눈〉이라는 시를 발표하면서 등단의 위업을 달성했다.

경험은 수필 재료의 보고寶庫이다. 글쓰기에서 경험 이상 좋은 재료는 없다고 해도 과언이 아니다. 그러나 경험이 곧 수필로 정착되는 것은 아니다. 경험을 사실대로 나열하면 수기나 논픽션에 머물고 만다. 경험에다 작가의 생각이나 느낌을 버무려 넣어서 독자의 공감을 자아내는 새로운 창작물이 수필에 속한다.

김영자의 〈피아노 소리를 들으며〉를 선택한다. 오랫동안 경영해 온 사업체 간판을 내리면서 겪는 고충을 주축으로 삼은 작품이다. 흠이 없는 문장력에 호감이 닿았고, 열정적으로 공부하는 자세를 높이 샀다. 좋은 작품으로 대성하기를 기대한다.

— 수필 〈신인상 심사평〉 중에서

심사평에서 보듯 수필 재료의 보고寶庫는 바로 경험, 즉 체험이다. 평상시 생활 속에서 얻는 체험뿐만 아니라, 색다른 체험과

독서를 통해 철학, 심리학, 역사 등 다양한 지식을 습득하여 육화해야 좋은 작품을 쓸 수 있는 재료가 된다. 체험은 수필뿐만 아니라 시나 소설에서도 좋은 글쓰기의 밑바탕이며, 잘 소화시켜서 폭 넓은 사유의 틀을 마련하는 기본으로 삼아야 한다. 예민한 감수성과 관찰력을 키워 사물을 정확하게 바라보고 파악해, 자신만의 느낌을 찾아낼 수 있는 능력을 키워 내면의 근육을 키워나가려고 노력해야 한다. 30여 년 사업체를 경영해 온 경험은 좋은 작품으로 승화하여 독자들과 만나게 될 것으로 기대한다. 김영자 시인은 과연 수필가와 시인이라는 소리를 들어도 마땅한지 고민하면서 요즘은 수필과 시, 두 장르를 오가며 열심히 공부 삼매경에 빠져 지낸다.

맑고 순수한 영혼의 소리 담아

맑고 순수한 마음은 나이와 상관없이 누구나 가질 수 있다. 특히 시인은 순수해야 한다. 순수한 사람은 겸손하다. 시인이 되었다고 자만심에 빠지면 안 된다. 시인이 무슨 권력이나 벼슬이 아니라는 생각을 가져야 삼라만상과 가까워질 수 있다. 동물이나 곤충, 식물 등과 친해져야 시 속으로 끌어들여 친구가 될 수 있다. 어린아이처럼 맑고 순수한 영혼으로 그들에게 다가가 손을 내밀 줄 알아야 하고, 모든 생명에게 고개 숙일 줄 알아야 한다. 인연을 소중하게 생각하고 언제나 변함없는 모습으로 배려하는 자세를 갖추어야 좋은 시인이 될 수 있다.

글을 쓰기 전에 먼저 인간이 되어야 한다는 선배들의 가르침을 새겨들어야 한다. 등단하지 않았어도 등단한 시인보다 시를 더 잘 쓰는 사람도 많다. 시인은 시인이 되었다는 책임감을 갖고 좋은 시를 쓰도록 노력해야 하며, 매사에 겸손할 필요가 있다. 순수한 마음을 유지하기는 쉽지 않지만 노력을 멈추지 않으면 순수한 마음을 유지할 수 있다. 긍정적이고 따뜻한 마음으로, 사색하면서 자신을 성찰하다 보면 저절로 좋은 시인의 대열에 합류하게 된다.

김영자의 시를 읽으며 느끼는 것은 어린애와 같은 마음과 눈을 가진 맑고 순수한 영혼을 가지고 있다는 점이다. "시인은 여하한 경험도 결코 당연하게 받아들이지 않는 사람, 항상 어린아이로 살아가는 사람들처럼 경이감과 즐거움이 넘치는 사람"이라는 존 홀 휠록의 말은 김영자의 시를 잘 대변해 주고 있다.

흔히들 '세월'이라고 하면 지나온 삶의 이야기이거나 신세 타령일 거라는 편견이 앞서겠지만, 김영자의 시는 이러한 편견을 깨기에 알맞은 작품이다. "꽃잎 하나 떼어 귀에 대니" 들리는 소리는 "떼지 마세요/꽃 속에 우리가 함께 있어요"라고 말하는 나뭇가지의 소리다. 화자는 이 영혼의 소리를 통해 나무가 살아온 세월을 새채 감각으로 상상한다.

〈함박눈〉은 한결 더 동심이 깔려 있다. 함박눈을 "하느님이 내게 보낸/하얀 엽서"라는 상상력이 그렇게 신선하지 않은

듯하면서도 실은 시인의 심성이 얼마나 순수하면 이러한 상상력으로 그 "하얀 엽서"를 "내가 읽지 못"한다고 수줍어할까 싶다. 여기서 수줍어한다는 말은 곧 시인이 갖춰야 할 겸손에 다름 아니다.

— 시 〈신인상 심사평〉 중에서

김영자 시인은 윌리엄 블레이크의 시가 순수해서 좋아하는데, 특히 첫 연이 '한 알의 모래에서 세상을 보고 / 한 송이의 들꽃에서 하늘을 본다 / 너의 손바닥에 무한을 쥐고 / 한순간에 영원을 담아라' 라는 〈순수의 전조〉라는 시를 좋아한다며 평소에 자주 읊조렸다.

그래서 그런지 김영자 시인도 순수할 뿐만 아니라 겸손하다. 글쓰기에 발을 들여놓고, 늦게 출발한 만큼 남들보다 더 열심히 노력해야 한다는 부담감을 느낀다는 심경을 자주 토로한다. 글은 재능보다는 열정으로 써야 한다는 자세로 일주일에 두 번씩 꼬박고박 계간문예창작원에 나와서 공부한다. 그런 의지력에 박수를 보내지 않을 수 없다. 공부하는 자세가 매우 모범적이다.

김영자 시인이 공부하는 계간문예창작원은 인사동 근처에 있다. 공부가 끝나면 자주 인사동으로 발걸음을 옮긴다. 그때마다 거의 동행하는 편인데, 골목을 지나갈 때도 그냥 지나치지 않는다. 인사동의 묘한 매력 속으로 빠져든다. 인사동의 매력에 빠져들 때는 어린아이와 같은 순수한 표정을 짓는다. 아담한

찻집, 골동품 가게, 화랑 등 현대와 고전이 함께 어우러진 곳에서는 꼭 발걸음을 멈추고 관심을 보인다. 특히 천상병 시인의 향기가 배어 있는 찻집 '귀천'에 가는 날은 천상병 시인보다 더 천진스럽고 순수하다.

하늘까지 가는 계단

계단은 인생살이를 비유하는데 자주 등장한다. 컬럼비아대학의 영문학 교수인 에드워드 멘델슨이 쓴 《인생은 일곱 계단》이라는 책은 사람의 인생을 일곱 계단(탄생-어린시절-성장-결혼-사랑-부모-미래)에 비유한 책이다. 각 계단을 소재로 다룬 영국소설 일곱 편을 대응(탄생-메리 셸리의 프랑켄슈타인, 어린시절-에밀리 브론테의 폭풍의 언덕, 성장-샬럿 브론테의 제인에어, 결혼-조지 엘리엇의 미들마치, 사랑-버지이나 울프의 댈러웨이 부인, 부모-버지니아 울프의 등대로, 미래-버지니아 울프의 막간)시킨다. 일곱 편의 비평을 통해 인생이라는 여정을 단계별로 따라가며 그 의미를 캐내고 있다. 일곱 편의 소설들은 출간된 지 2세기가 지났지만, 현재도 고전 반열에 올라있으며, 인생의 중요한 시기를 상징적으로 다루었다는 공통점을 지닌 작품들이다. 일곱 계단과 일곱 편이 짝을 이루면서 개인 삶의 중요한 경험들을, 계단을 오르는 것처럼 깊은 해석과 함께 새로운 시도를 한 문학비평서이다.

우리 주변을 한 번 둘러보면 온통 계단 천지라고 해도 과언이 아닐 정도이다. 무심코 지나칠 때는 잘 모르지만 주의를 기울여

보면 계단이 곳곳에 있다. 집 밖으로 나서면 계속 계단을 만난다. 지하철을 타려해도 계단, 백화점에 가려해도 계단, 그야말로 계단이 먼저 기다린다. 자주 가는 카페에 들어가려해도 짧은 계단을 올라야 들어갈 수 있다. 계단은 어쩌면 우리 삶 자체라고 해도 무방할 정도이다. 우리는 하루 종일 계단을 오르내리며, 계단과 밀착되어 생활한다.

김영자 시인의 시에서도 계단을 만날 수 있다. 표제작인 〈계단을 오르며〉를 비롯해 〈시詩〉 〈소망〉 등에 계단이 등장한다. 계단에 담긴 뜻은 무엇인가. 시가 상징하는 내용을 하나하나 살펴보면 계단에 담긴 뜻은 무한하다. 계단만 추적해도 무엇이든 읽어낼 수 있을 듯하다. 계단이 갖는, 계단이 의미하는 독특함을 읽다보면 계단의 역사까지 이어진다. 계단은 건물의 일부지만 기초이기도 하다. 기초는 전체를 아우르게 된다. 지금은 엘리베이터와 에스컬레이트 등, 계단을 대체하는 기계 시설이 등장해 과거의 계단과는 많이 다르지만, 계단은 권력에 비유되기도 한다. 계단을 하나씩 밟으며 오르는 행위는 항상 수고가 뒤따른다.

아름다운 시詩로 한발 한발
계단을 오르며
새로운 세상을 꿈꿀 때
넘치는 사랑과 연결되게 하소서

나이 들어감이 익어감으로

열매의 향기로 배부르게 하고
익숙함보다는 낯선 언어로
온전한 사랑을 완성하게 하소서

하찮은 일도 새롭게 보듬으며
세상을 향해 한발 한발
발걸음을 내딛을 때
사랑이 충만한 손길로 불 밝혀 주소서

어려움에 지치고 힘들 때마다
주님을 만나게 하고
사다리 역할을 도맡는 향기의 시詩가 되어
믿음과 사랑의 능력 되게 하소서

— 〈계단을 오르며〉 전문

김영자 시인은 등단한 지 1년밖에 안 된 초년생이다. 시의 길은 너무 멀고 높다. 한발 한발 계단을 오르듯이 시의 품으로 다가가고 있는 중이다. '아름다운 시詩로 한발 한발 / 계단을 오르며 / 새로운 세상을 꿈'꾸기도 하며, '익숙함보다는 낯선 언어로 / 온전한 사랑을 완성하'려고 노력한다.

김영자 시인은 교회에서 장로 직분을 맡고 있다. 목사, 장로, 권사, 집사 등은 대표이사, 전무이사, 상무이사, 부장, 과장처럼 일반회사의 직분과 비슷하다. 교회 직분은 구약의 출애굽 이후

광야교회에서 재판을 위해 직분자를 세웠고(출18:21-22), 신약에서는 가롯 유다의 자살 이후 그 결원을 보충하기 위해 사도를 뽑았으며(행1:24-26), 사도들이 일곱 집사를 선택해서 교회의 행정을 맡겼다(행6:3). 장로는 교회 운영과 성도 치리治理의 역할을 담당한다. 장로교의 장로는 대의제도의 치리직이라고 한다. 장로는 교회에서 성도들이 선거를 통해 세워주기 때문에 대의직을 수행하는 직분이다. '잘 다스리는 장로들은 배나 존경할 자로 알되(딤전5:17)'처럼 장로는 다스리는 직분이라고 한다.

'하찮은 일도 새롭게 보듬으며 / 세상을 향해 한발 한발 / 발걸음을 내딛을 때 / 사랑이 충만한 손길로 불 밝혀 주소서// 어려움에 지치고 힘들 때마다 / 주님을 만나게 하고 / 사다리 역할을 도맡는 향기의 시詩가 되어 / 믿음과 사랑의 능력 되게 하소서'라고 표현했다. 다스리기도 하고, 보듬기도 하면서 새로움을 추구해야 하는 시인은 그 시조차 믿음과 이어진다. 한발 한발 발걸음을 옮길 때마다, 시와 더욱 가까워질 테니, 지치지 말고 한 계단 한 계단 올라가야 한다. 시 공부는 끝이 없다.

시는 다면적이다. 권력을 상징하는 계단도 그렇다. 엘리베이터를 타느냐, 계단을 오르느냐에 비유되기도 하지만, 반드시 계단을 거쳐야 하는 것이 시이며, 우리의 삶이다.

나에게 시는
하늘을 날 수 있는
소망이 된다

나에게 시는
앞으로 나아갈 수 있는
희망이 된다

나에게 시는
믿음을 굳건하게 지킬 수 있는
신앙이 된다

시와 손 잡고 계단을 오르면
하나님도 손 내밀어
내 손을 잡아준다

— 〈시詩〉 전문

'나에게 시는 / 하늘을 날 수 있는 / 소망'이 되고, '나에게 시는 / 앞으로 나아갈 수 있는 / 희망'이 되고,'나에게 시는 / 믿음을 굳건하게 지킬 수 있는 / 신앙'이 된다.

김영자 시인에게 시와 신앙은 따로 떼어서 생각할 수 없는 관계이다. '시와 손 잡고 / 계단을 오르면 / 하나님도 손 내밀어 / 내 손을 잡아준'다니 얼마나 대단한 세력인가. 하나님보다 더

힘이 센 세력이 있을까. 한 계단 한 계단 오를 때 시의 손을 놓지 않으면 저 높은 곳에 계신 하나님이 손을 내밀어 준다는 것을 믿으면 아마도 훌륭한 시인의 반열에 도착하는 일은 어렵지 않을 듯싶다. 이 시에 등장하는 계단이야말로 대단한 권력이 아닐까. 계단 위에 쌓인 나름대로의 새로운 시가 있다. 계단을 읽으면 분명히 보인다. 시와 손잡고 하나님과 손잡은 김영자 시인은 저 높은 곳에 있는 시를 주워오기만 하면 되니까.

소망 속에서는
괴로움도 아픔도
믿음이 되고 사랑이 된다

하나님이 주신 삶의 행진은
밖을 향해 나가게 하는
사랑의 동력이 된다

소망은 고통 속에서
잉태되지만 신뢰의 손을 잡고
하늘까지 가는 계단이 된다

— 〈소망〉 전문

'소망 속에서는 / 괴로움도 아픔도/ 믿음이 되고 사랑'이 되고, '소망은 고통 속에서 / 잉태되지만 신뢰의 손을 잡고 / 하늘까지 가는 계단'이 된다.

우리의 삶은 높은 계단처럼 오르기 힘들 때도 있지만, 계단이 끝나는 힘겨운 삶의 세단도 다 오르고 나면 계단의 끝은 반드시 마음을 충만하게 하리라는 믿음이 있다. 포기하거나 엘리베이터를 타지 않고 끝까지 올랐다는 감사함과 함께 소망이라는 믿음이 그곳에 존재한다. 계단에 담긴 의미를 일깨워주는 시이다.

단테의 〈신곡〉에서는 세 단의 계단이 사용된다. 단테는 연옥에서 인간이 정죄하고 천국으로 들어가기 위해서는 세 단의 계단을 오르며 자신이 범한 일곱 가지의 죄를 회개해야 한다고 했다. 일곱 가지의 죄는 오만, 시기, 분노, 태만, 인색과 낭비, 탐식, 애욕이다. 첫 번째 계단은 자신의 죄를 비추는 맑은 양심을, 두 번째 계단은 죄의 고백을 세 번째 계단은 죄의 형벌을 달게 받으려는 의지를 각각 상징한다. 단테는 세 계단의 형상에 대해서 비교적 자세히 기술하는데 각 계단이 상징하는 내용과 일맥상통한다.

태산에 오르는 행위를 시 쓰기와 비유하기도 한다. 중국 산둥성 태산, 남천문까지 오르는데 일천육백여 개의 계단으로 이어진다. 요즘은 케이블카가 있어서 쉽게 오르내리지만, 그 계단을 밟고 올라가야 진정으로 등산을 알고 인생의 의미를 터득하며, 태산의 정기를 다 밟은 셈이라고 한단다. 시 쓰는 일이 그렇듯 힘든 작업이다.

시 쓰기에도 대략적으로 요약하자면 서술, 묘사, 진술, 핵심 등,

네 개의 계단이 있다. 편의상 네 개의 계단 구조라 했는데, 이 네 계단을 잘 밟고 올라가, 제대로 이해하고 표현할 수 있을 때 훌륭한 시를 쓸 수 있을 터이다. 김영자 시인은 '하늘까지 가는 계단'이 이미 확보된 셈이다. 좋은 나무를 키워야 튼실한 열매를 수확할 수 있다는 믿음으로, 남은 생은 신뢰의 손을 잡고 소망 속에서 계단을 오르기만 하면 된다.

인생이모작은 문인의 길로

김영자 시인은 평생을 일궈오던 사업을 정리했다. 새로운 인생 이모작을 위해 사업과는 거리가 먼 다른 세상으로 눈길을 돌려, 문학의 길로 들어섰다. 과거에 연연하지 않고 늦은 나이에 문학 공부에 몰입하고 있다.

30년의 세월을 접었더니
주어진 자유가 혼란스럽다

미스코리아들에게 의상을 협찬하고
홍콩으로 미국으로 패션쇼에 참가하며
패션계를 주름잡던 시간들이
서서히 고개 숙인다
워커홀릭에서 벗어난 공허감은
고독의 시간으로 마음의 병이 된다

잠시 멈춰 마음을 비우니
주마등처럼 스쳐 지나가는 생각
비로소 보이는 것들을 챙기며
새로운 인생의 순례길 따라
시의 손을 잡고 발걸음을 옮긴다

— 〈워커홀릭〉 전문

워커홀릭은 일(work)과 알코올(alcoholic)의 합성어로 일 중독자를 의미하는 단어로 사용된다. 업무를 최우선으로 여기는 일종의 병이라는 풍자가 담겨 있다. 미국의 경제학자 W. 오츠의 저서《워커홀릭》에서 처음으로 사용한 말이다. 워커홀릭 증후군은 자신이나 가족보다 직장에서의 일을 중시한다. 가족을 위해, 미래를 위해 일을 했는데 일중독이라는 결과를 낳은 것이다. 휴식 시간에도 제대로 쉬지 못하고 일 속에 묻혀 지내는 것이 일중독, 워커홀릭이다. 일을 놓는 순간 불안과 공포에 휩싸일 수 있다. 다른 종류의 생산적인 활동을 하면 도움이 될 수 있다.

'워커홀릭에서 벗어난 공허감은 / 고독의 시간으로 마음의 병이 된다 // 잠시 멈춰 마음을 비우니 / 주마등처럼 스쳐 지나가는 생각 / 비로소 보이는 것들을 챙기며 / 새로운 인생의 순례길 따라 / 시의 손을 잡고 발걸음을 옮긴다'라고 노래한다. 일에서 손을 뗀 뒤에, 고독의 시간으로 생긴 마음의 병을 시의 손을 잡고 극복하는 자세는 아주 모범적이다. 우리가 시를 가까이 하는 이유는 시에서 위로와 힘을 받기 때문이다. 삶이 힘겹고 일이 잘 풀리지 않을 때 마음이 병든다. 그때 시를 통해 내면 세계로 들어가 보면 힘찬 에너지를 얻게 된다. 일에 빠져 앞만 보고 달릴 때는 느끼지 못했던 것이 하나둘 보이기 시작한다. 구름도 보이고, 바람도 보이고, 강물도 보이고, 하늘도 보인다. 이제야 비로소 보이는 것들을 챙기며 인생이모작을 즐기는 삶을 살고 있는 김영자 시인에게 박수를 보낸다.

나는 30년 동안 일밖에 모르고, 일 속에 묻혀 살았다.
인생이모작은 문인의 삶을 살기로 정하고,
계간문예창작원의 문을 두드려 문학 공부에 매진했다.
두드리면 열릴 것이라는 말이 맞았다.
먼저 수필쓰기에 도전해 수필가로 등단했고,
시 쓰기에 다시 도전해 시인이 되었다.
다른 사람들보다 늦게 출발했기에
더 열심히 노력해 글쓰기에 정진했다.
모든 사람에게 희망의 위로가 되고
사랑이 솟아나는 좋은 시를 쓰게 해 달라고
잠들기 전에 항상 주님께 기도로 매달렸다.
계단을 오르듯 한발 한발 오르다 보니,
그동안 쓴 시들이 고개를 내민다.

내 영혼의 노래와 같은 좋은 시를 쓰고 싶던 기다림이

드디어 꽃으로 피어났다.

— 〈시인의 말〉 중에서

김영자 시인은 신문방송학을 전공했다. 신문방송학과는 정보통신 기술의 발전에 따라 신문, 출판, 오락산업, 정보서비스 등의 발전에 기여하는 전문 인력을 양성하는 학문이다. 신문학과 방송학을 아우르는 신문방송학을 공부했으나, 현실에서는 의류 사업에 인생을 바쳤다. 우리 옷에 취해서 '씨실과 날실'이라는 우리 브랜드를 만들어 세계무대에 선보이기도 했다. 미스코리아 의상 선정 업체가 되어 드레스 한복을 디자인하여 협찬하기도 했으며, 홍콩, 로스엔젤리스, 샌프란시스코 등에서 패션쇼를 열고 우리 옷의 아름다움을 세계에 알렸다.

신문방송학과 패션은 시대에 따라 새로운 것을 개발하고 창조해 나가는 정신은 같은 맥락이다. 우리나라 패션의 명품화를 위해 커다란 역할을 감당하다가 손을 놓은 뒤에는 문학의 길로 발걸음을 옮겨왔다. 문학도 상상력을 활짝 펼치고, 새로움을 창조해 나가는 작업이다.

이번에 첫 시집《계단을 오르며》를 상재하며, '나는 30년 동안 일밖에 모르고, 일 속에 묻혀 살았다. 인생이모작은 문인의 삶을 살기로 정하고, 계간눈예창삭원의 문을 두드려 문학 공부에 매진했다. 두드리면 열릴 것이라는 말이 맞았다. 먼저 수필쓰기에 도전해 수필가로 등단했고, 시 쓰기에 다시 도전해 시인이 되었다. 다른 사람들보다 늦게 출발했기에 더 열심히 노력해 글쓰기에 정진했다. 모든 사람에게 희망의 위로가 되고 사랑이 솟아나는 좋은 시를 쓰게 해 달라고 잠들기 전에 항상 주님께 기도로 매달렸다. 계단을 오르듯 한발 한발 오르다 보니, 그동안 쓴 시들이 고개를 내민다. 내 영혼의 노래와 같은 좋은 시를 쓰고 싶던 기다림이 드디어 꽃으로 피어났다.'라고 시인의 말에서 고백한다. 등단을 해서 수필가와 시인이 되었으니 인생이모작은 성공적이지 않은가.

뭉게구름을 소재로 한 시

작은 물방울이나 얼음 알갱이가 많이 몰려서 대기 중에 떠 있는 것을 구름이라고 말한다. 공기와 수증기가 높이 올라가면 주위의 기압이 낮아져 부피가 커진다. 부피가 커지면 온도는 낮아지고, 수증기는 응결된다. 수증기는 작은 물방울이나 얼음 알갱이가 되어 일정한 곳에 몰려서 구름이 만들어진다. 또 습기를 가진 공기 덩어리가 높이 올라갔을 때 생기는 것이 구름이다.

구름의 종류는 다양하다. 모양에 따라 권운(털구름), 권적운(털쌘구름), 권층운(털층구름), 고적운(높쌘구름), 고층운(높층구름), 난층운(비층구름), 층적운(층쌘구름), 층운(층구름), 적운(쌘구름, 뭉게구름), 적란운(쌘비구름) 등이 있다.

하늘은 뭉게구름 속에
아이들의 놀이터가 되고

— 〈코로나 세상〉 일부

하늘에 두둥실 떠다니는
하얀 뭉게구름
그곳에서
내 고향을 찾는다

— 〈고향의 구름〉 일부

별똥별 하나
화려한 뭉게구름 속 궁전을 떠나
반짝 빛난다

— 〈개나리〉 일부

뭉게구름 속으로
내 이름을 적은 종이비행기를 접어
힘껏 날려본다

— 〈파란 하늘〉 일부

하늘도
마스크를 쓰고 있다

— 〈뭉게구름〉 전문

김영자 시인의 시에는 구름이 많이 등장한다. 특히 뭉게구름을 소재로 한 시 〈코로나 세상〉 〈고향의 구름〉 〈개나리〉 〈파란하늘〉 〈뭉게구름〉 등 여러 편이 있다.

상승기류가 강할 때 수직으로 발달하는 구름이 뭉게구름이다. 솟아오른 작은 언덕이나 돔의 형태로 연직방향으로 발달한 고립된 구름이다. 햇빛이 비치는 부분은 대부분 흰색이고, 구름 밑은 상대적으로 어둡다. 뭉게구름은 조각구름일 때도 있다.

제목이 〈뭉게구름〉인 시는 단 두 행으로 이루어져 있다. 아마 뭉게구름이 조각구름으로 변했을 때 포착해 낸 시인 듯싶다. 코로나 시대를 살고 있는 요즈음이다. '하늘도 / 마스크를 쓰고 있다'라고 표현했는데, 마스크가 바로 뭉게구름이란다. 얼마나 순수한 발상인가. 김영자 시인의 눈에 비친 뭉게구름은 아이들의 놀이터가 되기도 하고, 뭉게구름 속에서 고향을 찾기도 하고, 뭉게구름 속으로 종이비행기를 접어 힘껏 날리기도 한다.

'행1:9~10 이 말씀을 마치시고 저희 보는 데서 올리워 가시니 구름이 저를 가리워 보이지 않게 하더라. 올라가실 때에 제자들이 자세히 하늘을 쳐다보고 있는데 흰옷 입은 두 사람이 저희 곁에 서서' 라고, 성경에서 구름은 흔히 하나님의 임재를 상징으로 말한다. 김영자 시인의 시에 구름이 많이 등장하는 이유는 장로 직분을 갖고 있는 그의 종교와 관련이 있다고 보면 이해하기 쉬울 것 같다. 또 하나, 김영자 시인의 호는 소청素淸이다. 하얗고 맑다. 소청이라는 호가 하얀 뭉게구름을 많이 닮았다. 김영자 시인이 뭉게구름을 왜 좋아하는지 그의 호에 잘 드러나 있다.

우리 삶을 이끌어 가는 힘은 과연 무엇일까

시의 힘은 대단하다. 언어는 시의, 문학의 매체이기도 하지만, 삶의 매체이기도 하다. 그 언어는 이 세계에 존재하는 인간에게 고독을 해소하고 서로 연대하며 안정감을 갖도록 해주는 기능을 한다. 시는 그러한 언어가 최상으로 세련된 형식의 문학이다. 시인들은 자신이 느낀 주제를 말하기 위해, 화자를 등장시켜 화자라는 존재의 입을 빌려 시를 쓴다. 언어는 고독한 개체다.

마르틴 하이데거는 "고향상실의 시대, 우리는 과연 누구이며 무엇인가. 그 대답은 오직 말 없는 고향의 자연 속에서만 발견되어지리라. 그것도 '존재의 집인 언어'를 통해서 말이다."라고 말했다. '존재의 집'은 무엇일까. 바로 시詩를 가리킨다. "생각함의 안에서 존재는 언어가 된다. 언어는 곧 존재의 집이다."라고도 하지 않았는가. 하이데거에게 시는 철학, 그 이상이었다. 그것은 인간의 인식능력을 최고로 압축한 것이 시적 언어이기 때문이다.

김영자 시인은 노년에 이르러 늦게 등단했으나, 문학을 사랑함으로써 시를 사랑하고, 스스로를 사랑하는 삶을 노래한다. 한 생애를 살아오면서 보고 느끼고 깨달은 삶의 성찰을 시적 사유로 존재의 근원을 파고든다.

김영자 시인의 첫 시집《계단을 오르며》에는 '사랑' '소망' '하늘' '행복' '미소' '희망' '향기' '노래' '생명' '바람' '감사' '마음'

'선물' '찬양' '기도' '예배' 등 시적 언어와 신앙적 언어 등이 서로 섞이면서 김영자 시인의 시세계를 더욱 넓혀준다. 시의 힘은 역시 세다. 그 외에도 '세월' '시간' '추억' '인생' '고향' 등의 언어가 등장한다. 시인 자신이 나이가 많다고 걱정하며 시간을 아까워하는 모습을 고스란히 시에 묘사했다.

박인환 시인은 〈세월이 가면〉이라는 시에서 '그 사람 이름은 잊었지만 그 눈동자 입술은 내 가슴에 있네'라고 노래했다. 세월, 시간은 흐르지만 그 추억은 영원히 가슴에 남는다. 늦었다고 생각할 때가 가장 빠른 때이다.

잔디 덮인 봉분 위에
노란 들꽃 하나
바람이 심어 놓고 갔나 봅니다

백합꽃 돌화병에 꽂아놓으니
물끄러미 바라보는 가냘픈 들꽃
바람 따라 움직이는 고통이
한 송이 꽃잎 되어
그리움으로 흩날립니다

노란 들꽃은 끝없이 잎을 날리며
다리를 만들었습니다
잔디에 손을 얹고 세월 따라

한발 한발 다가왔더니
죽음은 부활의 씨앗이 되어 날아가 버리고
들꽃은 이제 땅과 하늘을 품고
나를 안아 줍니다

30여 년의 사회 경험을 잘 살려 앞으로 더욱 좋은 시로 승화시키길 바라며, 시의 깊이도 있고, 시적 표현이 들어 있는 〈들꽃〉으로 이 글을 마무리한다. 외손녀 수아에 대한 사랑을 비롯해, 가족에 대한 사랑 등을 읽으며, 세계 인류가 겪고 있는 팬데믹 시대를 잘 극복하고 하루 빨리 일상을 되찾길 바라는 마음이다. 김영자 시인의 첫 시집에 박수를 보내면서, 그의 시와 신앙의 계단이 더욱 뜨거워지기를 기대한다.

계간문예시인선 173

김영자 시집 _ 계단을 오르며

초판 인쇄 2022년 2월 15일
초판 발행 2022년 2월 20일

지 은 이 김영자
회 장 서정환
발 행 인 정종명
편집주간 차윤옥

펴 낸 곳 도서출판 계간문예
편 집 부 03132 서울 종로구 삼일대로 30길 21 종로오피스텔 1209호
주 소 03132 서울 종로구 삼일대로 32길 36 운현신화타워 305호
전 화 02-3675-5633 팩스 02-766-4052
인 쇄 54991 전북 전주시 완산구 공북1길 16, 신아출판사
이 메 일 munin5633@naver.com
등 록 2005년 3월 9일 제300-2005-34호
ISBN 978-89-6554-252-0 04810
ISBN 978-89-6554-118-9 (세트)

값 10,000원